RELATO DE UMA EXPERIÊNCIA NO RESIDÊNCIA PEDAGÓGICA DE MATEMÁTICA EM TEMPOS DE PANDEMIA

Coleção Relatos de Si

Wemilly Alexandrino Machado
Marcos Roberto da Silva
Gabriel Araújo Freitas
Dulcineia Freitas Garcia

Editora IGM
2022

Dados Internacionais de Catalogação na Publicação (CIP)

M149r

Machado, Wemilly Alexandrino.

Relato de uma experiência no residência pedagógica de matemática em tempos de pandemia / Wemilly Alexandrino Machado; Marcos Roberto da Silva; Gabriel Araújo Freitas; Dulcineia Freitas Garcia. Coleção Relatos de Si. Volume: 12. Goiânia: IGM, 2022.

44 p. : il. ; 14 cm

ISBN: 978-65-80508-65-5

1. Educação. 2. Tecnologias. 3. Robótica. 4. Matemática
I. Título

CDU: 37
CDD: 370

Sumário

Introdução 4

Resultados e Discussão 17

Considerações Finais 31

Referências 35

Introdução

O presente artigo tem como objetivo elucidar as práticas feitas durante o Programa Federal Residência Pedagógica - CAPES, o qual foi feito em conjunto com o estágio supervisionado, onde trabalhamos alicerçados na teoria da Educação Matemática Inventiva (SILVA, 2020, SILVA & SOUZA JR. 2019, 2020a, 2020b), a qual está vinculada ao projeto de pesquisa "EMIR: Educação Matemática Inventiva com Robótica", onde concentra-se em usar a robótica como principal ferramenta para um ensino que foge do modelo da representação, tudo sendo feito remotamente por questão da pandemia do COVID-19.

O estágio quanto as propostas do projeto foram elaboradas pensados nas séries do Ensino Médio (EM), especificamente na 1ª (primeira) e 3ª (terceira) série do EM. É importante destacar que tais os projetos são vinculados à Universidade Estadual de Goiás, Campus Sudoeste Sede-Quirinópolis. Como residente pedagógico as ações foram divididas de duas maneiras, coletivamente (projeto EMIR) e individuais (regências).

O projeto EMIR iniciou-se durante a pandemia do Covid-19, ainda no módulo I, e como a pandemia se estendeu além dos 6 (seis) meses os módulos II e III também enfrentaram limitações em relação aos encontros presenciais, o que foi adaptado rapidamente, decidimos que todas as reuniões, discussões e encontros para sugestões e a elaboração do projeto continuariam sendo feitas de maneira remota (como foi feito no módulo I) com a finalidade de não adiarmos o projeto e priorizarmos nossa saúde.

Utilizamos de recursos tecnológicos como *WhatsApp*[1] e *Google Meet*[2], e assim demos início à produção e elaboração das propostas que iriam ser usadas no projeto EMIR. Sendo superado o obstáculo da distância começamos a definir o que seria feito, durante os encontros, uma das etapas que concluímos e que era fundamental foi a divisão dos residentes, os 8 (oito) residentes que ficaram no Colégio Independência foram divididos em dois grupos de 4 (quatro)

---

[1] é um aplicativo multiplataforma de mensagens instantâneas e chamadas de voz para smartphones.
[2] é um serviço de comunicação por vídeo desenvolvido pelo Google.

residentes cada, após a divisão passamos a escolha da série e do conteúdo que abordaríamos e o que faríamos a esse respeito.

No Colégio Estadual Independência (CEPI) a turma escolhida para o projeto EMIR foi a 1ª (primeira) série do EM, sendo o conteúdo selecionado para ser trabalhado pelo grupo ao qual fazia parte: função de 1º (primeiro) grau. O primeiro passo para materializarmos nosso projeto foi a construção de um mundo inventivo que foi idealizado pelos 4 (quatro) membros do grupo, construído e feita a gravação de um vídeo que posteriormente virou o material com o qual criaríamos perguntas relacionando nosso cenário inventivo e ao conteúdo de função.

Com base nas concepções de Educação Matemática Inventiva (EMI) nossa relação com os conhecimentos matemáticos e com a robótica ocorreu na perspectiva da invenção de problemas, da invenção de si e da invenção de mundo, tal como colocado por Silva & Souza Jr (2020a) na imagem a seguir:

Figura 01: Educação Matemática Inventiva.

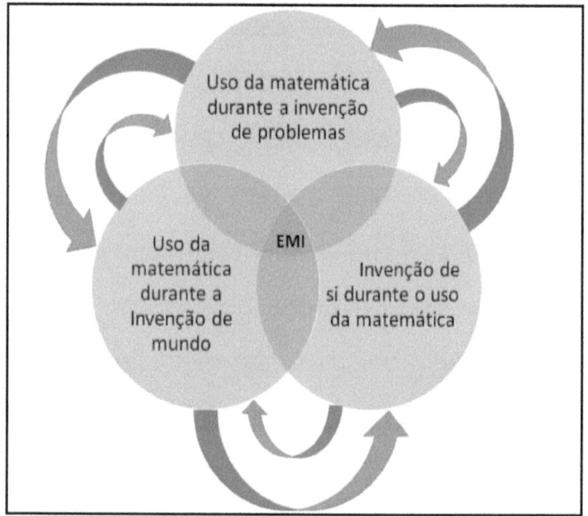

Fonte: Silva & Souza Jr. (2020).

De acordo com Figura 01, é possível perceber que o uso da matemática durante a invenção de problemas, invenção de mundo, e invenção de si, estão interligados e interconectados. Em nossa experiência particular, o processo iniciou-se no uso da matemática, já que pensamos minuciosamente sobre a abordagem de seus conceitos enquanto elaborávamos as problemáticas, logo após experenciamos a segunda etapa, que para nós foi a invenção de nós mesmos, haja vista que assumíamos um papel docente dispare do tradicional e, por último, fizemos o uso da matemática para inventarmos o nosso cenário inventivo.

EMI tem como base teórica as concepções da *Aprendizagem Inventiva* (KASTRUP, 2000-2015), *formação inventiva de professores* (DIAS, 2008-2012) e na *autopoieses*[3] (MATURANA & VARELA, 1995). Um dos princípios da aprendizagem inventiva é a invenção de problemas, haja vista que estes estão presentes nas experiências de problematização que ocorrem durante os processos de invenção de si e de mundo (KASTRUP, 2007a).

---

[3] é um termo criado na década de 1970 pelos biólogos e filósofos chilenos Francisco Varela e Humberto Maturana para designar a capacidade dos seres vivos de produzirem a si próprios.

Podemos designar a Aprendizagem Inventiva como uma alternativa ortogonal ao modelo da representação. Nesse contexto, a EMI pode ser descrita como um conjunto de ações e práticas do conhecer matemático estimuladas por um meio de problematizações, nas quais os sujeitos envolvidos vão coletivamente se autoproduzindo.

A segunda parte da Residência Pedagógica (RP) foi feita de maneira individual, foi no módulo II tivemos mais contato com os discentes, pois o projeto por conta do calendário escolar não pode ser apresentado aos alunos até o presente momento de escrita deste relato.

Com o auxílio da professora preceptora e supervisão do professor orientador os residentes foram divididos por turmas e conteúdo, e nos atribuíram 3 (três) ações para serem realizadas na regência: exposição do conteúdo, elaboração de atividades e correção, todas sendo feitas de maneira remota, o que foi um grande obstáculo, a regência por si só já apresenta grandes dificuldades, como, a insegurança pelo domínio do conteúdo, a forma que ensinaremos será de fácil compreensão? a forma como seremos recebidos pelos alunos, dificuldade na gestão da aula, todos esses são pontos presentes quando nos deparamos com o estágio, agora potencializados com a impossibilidade em ministrar aulas presenciais.

De imediato a nossa maior dificuldade foi a adaptação aos recursos tecnológicos, gravar vídeos usando aplicativos que não tínhamos tanto contato, nos adaptar a usar a tela do notebook como quadro, além das limitações dos recursos que tínhamos em mão. Fazer todo o cronograma que é esperado no estágio: acompanhar a aula da preceptora, elaborar planos de aula, atividades, correções, tudo de forma remota foi desafiador, mas é com desafios que somos capazes de superarmos a nós mesmo a cada dia, sendo assim atingimos novos níveis.

Neste contexto, o presente relato de experiência entre outros (LEÃO et al., NASCIMENTO et al., ALVES et al., DA SILVA et al., FERNANDES et al., LOPES SILVA et al., COSTA et al.) foi produzido de maneira colaborativa entre os residentes pedagógicos.

Resultados e Discussão

Na RP que se iniciou em 2020 e durou até 2022, contando com a participação de 24 (vinte e quatro) residentes pedagógicos, 3 (três) preceptores das escolas-campo e o professor orientador da UEG. Com o desenvolvimento do projeto EMIR ocorreu a produção de uma Proposta Educacional de Robótica, segundo a perspectiva da Educação Matemática Inventiva (SILVA 2020, SILVA & SOUZA JR. 2019; 2020a; 2020b). Para tanto, foram produzidos de maneira colaborativa dois vídeos com 9 (nove) problemas inventivos cada, sendo que um vídeo foi trabalhado no módulo I[4] e o outro nos módulos II e III[5].

O primeiro passo para materializarmos nosso projeto foi a construção de um mundo inventivo, sendo ele idealizado pelos 4 (quatro) membros do grupo, mas sua confecção foi de forma colaborativo com outros RP que dispunham dos recursos necessários, foram usados materiais que

---

4 Disponível em: <https://www.youtube.com/watch?v=CVF03rL6qpE&t=43s>. Acesso em 27 mar. 2022.

5 Disponível em: < https://www.youtube.com/watch?v=bkdIz89r_oY>. Acesso em 27 mar. 2022.

encontramos no ambiente acadêmico como também recicláveis, construído e feita a gravação de um vídeo que posteriormente virou o material com o qual criaríamos perguntas relacionando nosso cenário inventivo e ao conteúdo de função. A seguir imagens do mundo inventivo e o processo de criação.

Figura 02: Invenção do mundo inventivo

Fonte: Os autores.

Na Figura 02 denotamos que para Maturana e Varela (1995, p. 72) "todo conhecer produz um mundo", portanto, partimos da premissa de que nosso conhecimento matemático foi representado por este mundo inventivo. tendo como alicerce as concepções de Silva (2020), Silva & Souza JR. (2019; 2020a; 2020b), que por sua vez se embasam em Kastrup (2000-2015). O cenário inventivo foi denominado coletivamente como: "F1 Afim".

A seguir apresentamos os problemas inventivos que foram produzidos na nossa segunda proposta.

Quadro 01: Problemas Inventivos.

1. Agora que já vimos o vídeo, queremos sugestões de nomes para o mundo onde o robô se desloca e também para nosso robô.
2. Sabendo que a distância percorrida pelo robô do início até o ponto A está expressa próximo a um solido geométrico no mundo inventivo, qual seria está distância?
3. Sabendo que a distância percorrida pelo robô

do início até o ponto B está expressa no mundo inventivo próximo a um cilindro, qual seria esta distância?

4. Quando o robô sai do ponto de partida ele passa por um entroncamento na pista, sabendo que a distância do ponto de partida até o ponto C está representada no mundo inventivo, qual seria esta distância?
5. Com os dados obtidos nos exercícios anteriores esboce um gráfico de plano cartesiano representando a relação tempo espaço percorrido pelo robô, onde o eixo x é a distância percorrida, e o eixo y o tempo gasto no trajeto.
6. No plano cartesiano esboçado na atividade anterior encontre a expressão algébrica que define essa função:
7. Qual o tipo de função algébrica foi encontrado, marque a opção correta com um x.
8. Agora que encontramos a função em sua forma algébrica escolha um período no vídeo e encontre a distância percorrido pelo robozinho no tempo que você escolheu, oh más não vale

usar as distancias definidas no vídeo.

( ) Função de primeiro grau(afim)
( ) Função Exponencial
( ) Função de Segundo grau(quadrática)
( ) Função Logarítmica

9. Agora e a vez de vocês criarem uma pergunta envolvendo o conteúdo visto, sejam inventivos.

Fonte: Os autores.

Nossas concepções ligadas a produção de problemas inventivos encontram embasamento nas produções de Silva (2020), Silva & Souza JR. (2019; 2020a; 2021b) no campo educacional da matemática, com fortes ressonâncias no campo da psicologia nos trabalhos de Kastrup (2000-2015).

Além do projeto EMIR também houve o desenvolvimento de regências por parte dos RP, com produções de planos de aula, videoaulas e atividades. Tudo feito com a supervisão do professor(a) preceptor(a) e do professor orientador.

A regência foi dividida em três dias, tendo 2 (duas) aulas de 45 (quarenta e cinco) minutos, onde fazíamos a exposição do conteúdo (que foi separado e escolhido previamente pelos profs. preceptor(a) na primeira aula e posteriormente deixávamos a segunda aula para a realização das atividades propostas e também ficávamos à disposição dos alunos para elucidação de qualquer dúvida sobre a explicação ou sobre as atividades.

Figura 03: Aulas para regência.

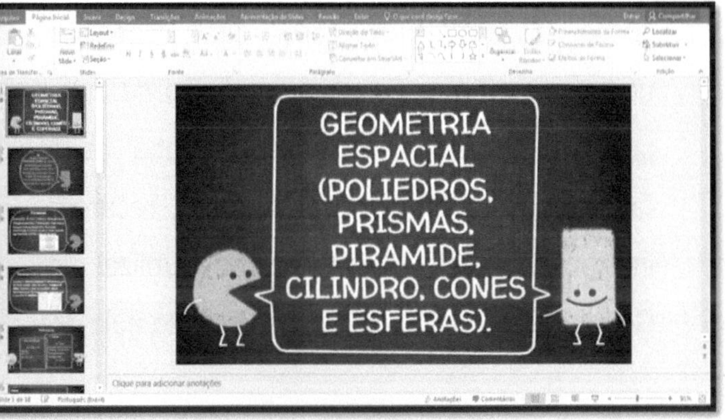

Fonte: Os autores.

Na Figura 03 é observável a abordagem escolhida para a utilização da proposta de aprendizagem, por estarmos em isolamento social devido ao Covid-19, todo o processo do estágio foi feito de maneira remota, utilizamos os recursos que tínhamos a nosso alcance, no caso das regências utilizamos o PowerPoint[6] para criação da aula, por ser um dispositivo que já tinha certa familiaridade e por ter bons recursos interativos, para apresentação utilizei o Google Meet, tendo nele as opções de aula ao

---

6 é um programa utilizado para criação/edição e exibição de apresentações gráficas, originalmente escrito para o sistema operacional Windows e portado para a plataforma Mac OS X.

vivo ou mesmo de gravar e disponibilizar um link de acesso para os alunos.

Figura 04: Exposição da aula.

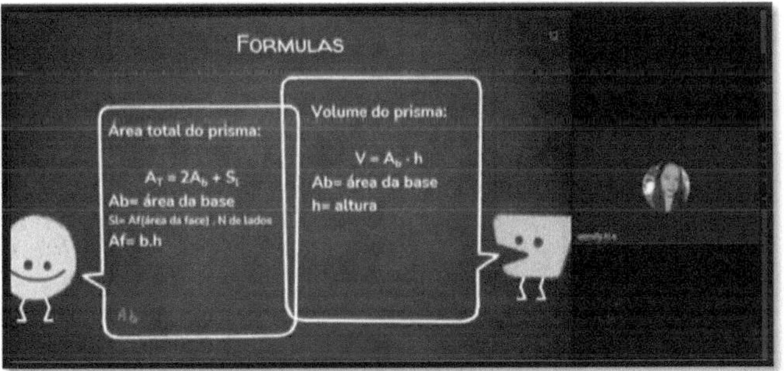

Fonte: Os autores.

A intermediação era feita via *WhatsApp*, onde havia um grupo para cada serie que os residentes estavam estagiando, pelo aplicativo em questão mandávamos o material preparado ou o link de acesso para as aulas ao vivo, o conteúdo ficava a critério do RP que estivesse responsável pela regência.

Figura 05: Exemplo de intermediação.

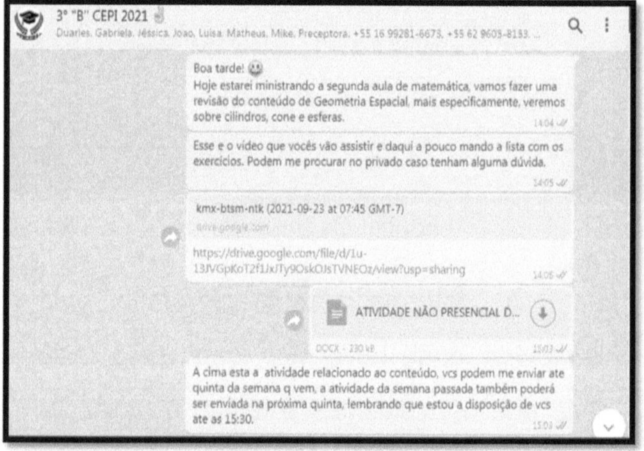

Fonte: Os autores.

Houve empecilhos e benefícios durante as regências. As contrariedades encontradas foram justamente o modo pelo qual tivemos que nos adaptar para ministrarmos a nossa aula devido ao distanciamento social.

Concluímos que poderia ter sido mais satisfatório esse processo caso pudesse ter apresentado a aula presencialmente, fazendo com que estes interagissem mais enquanto participantes, entretanto via ferramentas tecnológicas (*Google Meet* e *WhatsApp*) eles ficam mais tímidos o que dificultou a análise de como nós saímos durante o estágio.

Contudo, a experiência foi suficientemente significante apesar dos impasses, tendo em vista que pudemos nos (re)inventar e adaptar para diversas situações, o que como futuro professores em formação tem um grande valor.

Considerações Finais

As contribuições na vida acadêmica dos participantes do Programa Federal Residência Pedagógica - CAPES, foram positivas. Dentre elas, por exemplo, a experiência com a docência anterior à formação, o contato vigente com a pesquisa científica, a oportunidade de poder elaborar e criar problemas à nossas subjetividades, a abordagem da matéria de um modo distinto e não tradicional

O conceito aprendido por parte da criação do mundo inventivo trouxe uma maneira de se enxerga inúmeras soluções para situações problematizadas, traz que a abordagem de matemática no contexto amplo da robótica, entrelaçou uma maneira envolvente que vai trazer grande aprendizagem aos estagiários do RP que tiveram uma grande participação na prática do manejo das aulas.

A experiência manifestou a capacidade do ensino de se submeter a adequações que podem gerar uma transformação tanto na aprendizagem quanto nos professores em formação. Como intuito, a prática tem que gerar ou ampliar a capacidade do professor de inventar caminhos distintos para uma atividade pedagógica que possa se adaptar a todos os cenários posta diante deles.

Além da inventividade, vai ser explorada a habilidade de grupo, pois, as atividades foram criadas para que todos sejam proativos membros que se somam, logo, o grupo participante teve também investigação de aprendizagem, já que puderam vivenciar inquietações diferentes, tendo elas feito com que os envolvidos inventassem a si mesmos durante a elaboração da proposta que foi feita para o projeto de pesquisa EMIR.

Naturalmente, o aporte teórico foi fundamental no decurso do projeto, assim criando um coletivo de professores em formação valoroso, sendo o ensino educacional o principal beneficiado por essa prática.

Referências

Alves, G. H., da Silva, M. R., Freitas, G. A., & Silva, S. C. P. (2022). TC6 ENSINAR MATEMÁTICA DE UMA FORMA DIFERENTE. ***Anais do Seminário de Ensino, Pesquisa e Extensão do Câmpus Sudoeste, 1, 103-111.*** Disponível em: < https://www.anais.ueg.br/index.php/sepe_sudoeste/article/view/15173/12128>. Acesso em: 07 fev. 2022.

BARBOSA, F. C. Rede de Aprendizagem em Robótica: uma perspectiva educativa de trabalho com jovens. 2016. 366 f. Tese (Doutorado em Educação e Ciências Matemáticas) – Programa de Pós-Graduação em Educação, Universidade Federal de Uberlândia. 2016. DOI: < https://doi.org/10.14393/ufu.te.2016.62>.

Disponível em: < https://repositorio.ufu.br/handle/123456789/17564>. Acessado em: 12 mar. 2022.

BRASIL. Ministério da Educação. Base Nacional Comum Curricular – Versão Final. Brasília, 2018. Disponível em: <encurtador.com.br/akyzP>. Acesso em: 21 jan. 2022.

Costa, K. G., da Silva, M. R., Freitas, G. A., Garcia, D. F., & Zuliani, L. B. P. (2022). TC5 EDUCAÇÃO MATEMÁTICA INVENTIVA: PRODUZINDO PROPOSTAS EDUCACIONAIS DE MATEMÁTICA. ***Anais do Seminário de Ensino, Pesquisa e Extensão do Câmpus Sudoeste, 1, 93-102.*** Disponível em: < https://www.anais.ueg.br/index.php/sepe_sudoeste/article/view/15171/12127>. Acesso em: 07 fev. 2022.

DELEUZE, G. O que é um dispositivo? In: DELEUZE, G. O mistério de Ariana. Lisboa: Vega, 1996, p. 83-96.

de Oliveira Nascimento, E. M., da Silva, M. R., Freitas, G. A., & Silva, S. C. P. (2022). TC1 APRENDIZADO PEDAGÓGICO EM PERÍODO DE PANDEMIA: UMA EXPERIÊNCIA EDUCACIONAL COMO RESIDENTE DE MATEMÁTICA NA UNIVERSIDADE ESTADUAL DE GOIÁS. ***Anais do Seminário de Ensino, Pesquisa e Extensão do Câmpus Sudoeste, 1, 59-66.*** Disponível em: < https://www.anais.ueg.br/index.php/sepe_sudoeste/article/view/15167/12121>. Acesso em: 07 fev. 2022.

da Silva, M. P., da Silva, M. R., Freitas, G. A., & Garcia, D. F. (2022). TC9 INTERVENÇÃO PEDAGÓGICA COM ROBÓTICA NO PROGRAMA FEDERAL RESIDÊNCIA PEDAGÓGICA. ***Anais***

do Seminário de Ensino, Pesquisa e Extensão do Câmpus Sudoeste, 1, 129-136. Disponível em: <https://anais.ueg.br/index.php/sepe_sudoeste/article/view/15176/12130>. Acesso em: 07 fev. 2022.

dos Santos Leão, M., da Silva, M. R., Freitas, G. A., & Garcia, D. F. (2022). TC12 RELATO DE EXPERIÊNCIA: EDUCAÇÃO MATEMÁTICA INVENTIVA COM ROBÓTICA. ***Anais do Seminário de Ensino, Pesquisa e Extensão do Câmpus Sudoeste, 1, 152-159.*** Disponível em: <https://anais.ueg.br/index.php/sepe_sudoeste/article/view/15179/12134>. Acesso em: 07 fev. 2022.

Fernandes, D. M., da Silva, M. R., Freitas, G. A., & Garcia, D. F. (2022). TC3 EDUCAÇÃO MATEMÁTICA INVENTIVA COM ROBÓTICA EM

TEMPOS DE PANDEMIA. ***Anais do Seminário de Ensino, Pesquisa e Extensão do Câmpus Sudoeste, 1, 76-83.*** Disponível em: <https://www.anais.ueg.br/index.php/sepe_sudoeste/article/view/15169/12126>. Acesso em: 07 fev. 2022.

KASTRUP, V. **A invenção de si e do mundo: uma introdução do tempo e do coletivo no estudo da cognição**. Belo Horizonte: Autêntica, 2007a. 256 p.

KASTRUP, V. **Aprendizagem, arte e invenção. Psicologia em Estudo**, Maringá, v. 6, n. 1, p. 17-27, jan./jun. 2001. DOI: https://doi.org/10.1590/S1413-73722001000100003. Disponível em: http://www.scielo.br/pdf/pe/v6n1/v6n1a03.pdf. Acesso em: 10 fev. 2022.

MATARIĆ, M. J. **Introdução à robótica** / tradução Humberto Ferasoli Filho, José Reinaldo Silva, Silas Franco dos Reis Alves. São Paulo: Editora Unesp/Blucher, 2014.

MATURANA, H..; VARELA, F.. A árvore do conhecimento. Tradução Jonas Pereira dos Santos. São Paulo: Editorial Psy II, 1995.

SILVA, Náabis Lopes et al. TC4 EDUCAÇÃO MATEMÁTICA INVENTIVA: GEOMETRIA PLANA E ESPACIAL UTILIZANDO A ROBÓTICA. **Anais do Seminário de Ensino, Pesquisa e Extensão do Câmpus Sudoeste**, v. 1, p. 84-92, 2022. Disponível em: <https://anais.ueg.br/index.php/sepe_sudoeste/article/view/15170/12125>. Acesso em: 07 fev. 2022.

SILVA, M. R., SOUZA. JR., A. J. O uso da robótica na perspectiva da educação matemática inventiva. **ETD - Educação Temática Digital**, 22(2), 406-420. 2020a. https://doi.org/10.20396/etd.v22i2.8654828. Disponível em: <https://periodicos.sbu.unicamp.br/ojs/index.php/etd/article/view/8654828/22391>. Acesso em: 12 mar. 2022.

SILVA, M. R., SOUZA. JR., A. J. Educação Matemática Inventiva: interfaces entre universidade e escola. Revista de Ensino de Ciências e Matemática (REnCiMa), v. 11, p. 212-224, 2020b. DOI: https://doi.org/10.26843/rencima.v11i3.2463. Disponível em: <https://revistapos.cruzeirodosul.edu.br/index.php/rencima/article/view/2463/1266>. Acesso em: 07 fev. 2022.

SILVA, M. R. Experiência com robótica educacional no estágio-docência: uma perspectiva inventiva para formação inicial dos professores de matemática. 2020. 252 f. Tese (Doutorado em Educação) – Universidade Federal de Uberlândia, Uberlândia, 2020. DOI: https://doi.org/10.14393/ufu.te.2020.222. Disponível em: https://repositorio.ufu.br/handle/123456789/29034. Acesso em: 30 jan. 2022.

SILVA, M. R., SOUZA. JR., A. J. Educação Matemática Inventiva: fruto de uma pesquisa com o uso de robótica no estágio-docência. In: XIII ENEM - Encontro Nacional de Educação Matemática. 2019. Cuiabá-MT. Portal de eventos - sbem / Mato Grosso. Disponível em: <https://www.sbemmatogrosso.com.br/eventos/index.php/enem/2019/paper/view/681>. Acesso em: 30 jan. 2022.

SILVA, M. R. Matemática com Robótica: propostas de aprendizagem com interação virtual. Coleção Educação Matemática Inventiva. Livro Híbrido, volume: I. Goiânia: IGM, 2021. 25 p. Disponível em: <https://clubedeautores.com.br/livro/matematica-com-robotica>. Acesso em 27 mar. 2022.

SILVA, M. R. Matemática com Robótica: propostas de aprendizagem com interação virtual. Coleção Educação Matemática Inventiva. Livro Híbrido, volume: II. Goiânia: IGM, 2021. 25 p. Disponível em: <https://clubedeautores.com.br/livro/matematica-com-robotica-iii>. Acesso em 27 mar. 2022.

SILVA, M.R. Matemática com Robótica: propostas de aprendizagem com interação virtual. Coleção Educação Matemática Inventiva. Livro Híbrido, volume: III. Goiânia: IGM, 2021. 25 p. Disponível em: <https://clubedeautores.com.br/livro/matematica-com-robotica-ii>. Acesso em 27 mar. 2022.

www.ingramcontent.com/pod-product-compliance
Ingram Content Group UK Ltd.
Pitfield, Milton Keynes, MK11 3LW, UK
UKHW041842200726
13854UKWH00005BA/1994
9 786580 508655